Bertolt Brecht Liebesgedichte

Ausgewählt von Elisabeth Hauptmann Insel Verlag

19. Auflage 1998
Insel Verlag Frankfurt am Main 1966
Die Gedichte sind entnommen, mit Genehmigung
des Suhrkamp Verlages:
Bertolt Brecht, Gedicht 1–9
für die Bände 1–2 © Suhrkamp Verlag Frankfurt am Main 1960
für die Bände 3–4 © Suhrkamp Verlag Frankfurt am Main 1961
für die Bände 5–7 © Suhrkamp Verlag Frankfurt am Main 1964
für die Bände 8–9 © Stefan S. Brecht 1965
Alle Rechte vorbehalten durch
Suhrkamp Verlag Frankfurt am Main
Druck: Nomos Verlagsgesellschaft, Baden-Baden
Printed in Germany
ISBN 3-458-08852-0

Liebesgedichte

Ach, wie sollen wir die kleine Rose buchen?

Ach, wie sollen wir die kleine Rose buchen?
Plötzlich dunkelrot und jung und nah?
Ach, wir kamen nicht, sie zu besuchen
Aber als wir kamen, war sie da.

Eh sie da war, ward sie nicht erwartet.
Als sie da war, ward sie kaum geglaubt.
Ach, zum Ziele kam, was nie gestartet.
Aber war es so nicht überhaupt?

Vier Liebeslieder

I

Als ich nachher von dir ging
An dem großen Heute
Sah ich, als ich sehn anfing
Lauter lustige Leute.

Und seit jener Abendstund
Weißt schon, die ich meine
Hab ich einen schönern Mund
Und geschicktere Beine.

Grüner ist, seit ich so fühl
Baum und Strauch und Wiese
Und das Wasser schöner kühl
Wen ich's auf mich gieße.

II

Wenn du mich lustig machst
Dann denk ich manchmal:
Jetzt könnt ich sterben
Dann blieb ich glücklich
Bis an mein End.

Wenn du dann alt bist
Und du an mich denkst
Seh ich wie heut aus
Und hast ein Liebchen
Das ist noch jung.

III

Sieben Rosen hat der Strauch
Sechs gehör'n dem Wind
Aber eine bleibt, daß auch
Ich noch eine find.

Sieben Male ruf ich dich
Sechsmal bleibe fort
Doch beim siebten Mal, versprich
Komme auf ein Wort.

IV

Die Liebste gab mir einen Zweig
Mit gelbem Laub daran.

Das Jahr, es geht zu Ende
Die Liebe fängt erst an.

Ich will mit dem gehen, den ich liebe

Ich will mit dem gehen, den ich liebe.
Ich will nicht ausrechnen, was es kostet.
Ich will nicht nachdenken, ob es gut ist.
Ich will nicht wissen, ob er mich liebt.
Ich will mit ihm gehen, den ich liebe.

Morgens und abends zu lesen

Der, den ich liebe
Hat mir gesagt
Daß er mich braucht.

Darum
Gebe ich auf mich acht
Sehe auf meinen Weg und
Fürchte von jedem Regentropfen
Daß er mich erschlagen könnte.

Gemeinsame Erinnerung

Nacht auf der Nyborgschaluppe
Frührot im finnischen Ried
Zeitung und Zwiebelsuppe
New York, fifty-seventh Street

Im Paris der Kongresse
Svendborg und Wallensbäk
Londoner Nebel und Nässe
Auf der ›Anni Johnson‹ Deck

Zelt auf der Birkenkuppe
In Marlebaks Morgengraun
O Fahne der Arbeitertruppe
In der Altstadt von København!

Ardens sed virens

Herrlich, was im schönen Feuer
Nicht zu kalter Asche kehrt!
Schwester, sieh, du bist mir teuer
Brennend, aber nicht verzehrt.

Viele sah ich schlau erkalten
Hitzige stürzen unbelehrt
Schwester, dich kann ich behalten
Brennend, aber nicht verzehrt.

Ach, für dich stand, wegzureiten
Hinterm Schlachtfeld nie ein Pferd
Darum sah ich dich mit Vorsicht streiten
Brennend, aber nicht verzehrt.

Ich habe dich nie je so geliebt

Ich habe dich nie je so geliebt, ma sœur
Als wie ich fortging von dir in jenem Abendrot.
Der Wald schluckte mich, der blaue Wald, ma sœur
Über dem immer schon die bleichen Gestirne im Westen
                              standen.

Ich lachte kein klein wenig, gar nicht, ma sœur
Der ich spielend dunklem Schicksal entgegenging —
Während schon die Gesichter hinter mir
Langsam im Abend des blauen Walds verblaßten.

Alles war schön an diesem einzigen Abend, ma sœur
Nachher nie wieder und nie zuvor —
Freilich: mir blieben nur mehr die großen Vögel
Die abends im dunklen Himmel Hunger haben.

Gleichklang

Bidi in Peking
Im Allgäu Bie
Guten, sagt er
Morgen, sagt sie.

Das Lied vom kleinen Wind

Eil, Liebster, zu mir, teurer Gast
Wie ich keinen teurern find
Doch wenn du mich im Arme hast
Dann sei nicht zu geschwind.
    Nimm's von den Pflaumen im Herbste
    Wo reif zum Pflücken sind
    Und haben Furcht vorm mächtigen Sturm
    Und Lust aufn kleinen Wind.
    So'n kleiner Wind, du spürst ihn kaum
    's ist wie ein sanftes Wiegen.
    Die Pflaumen wolln ja so vom Baum
    Wolln aufm Boden liegen.

Ach, Schnitter, laß es sein genug
Laß, Schnitter, ein Halm stehn!
Trink nicht dein Wein auf einen Zug
Und küß mich nicht im Gehn.
    Nimm's von den Pflaumen im Herbste
    Wo reif zum Pflücken sind
    Und haben Furcht vorm mächtigen Sturm
    Und Lust aufn kleinen Wind.
    So'n kleiner Wind, du spürst ihn kaum
    's ist wie ein sanftes Wiegen.
    Die Pflaumen wolln ja so vom Baum
    Wolln aufm Boden liegen.

Das erste Sonett

Als wir zerfielen einst in DU und ICH
Und unsere Betten standen HIER und DORT
Ernannten wir ein unauffällig Wort
Das sollte heißen: ich berühre dich.

Es scheint: solch Redens Freude sei gering
Denn das Berühren selbst ist unersetzlich
Doch wenigstens wurd »sie« so unverletzlich
Und aufgespart wie ein gepfändet Ding.

Blieb zugeeignet und wurd doch entzogen
War nicht zu brauchen und war doch vorhanden
War wohl nicht da, doch wenigstens nicht fort

Und wenn um uns die fremden Leute standen
Gebrauchten wir geläufig dieses Wort
Und wußten gleich: wir waren uns gewogen.

Das elfte Sonett

Als ich dich in dies fremde Land verschickte
Sucht ich dir, rechnend mit sehr kalten Wintern
Die dicksten Hosen aus für den (geliebten) Hintern
Und für die Beine Strümpfe, gut gestrickte!

Für deine Brust und für unten am Leibe
Und für den Rücken sucht ich reine Wolle
Damit sie, was ich liebe, wärmen solle
Und etwas Wärme von dir bei mir bleibe.

So zog ich diesmal dich mit Sorgfalt an
Wie ich dich manchmal auszog (viel zu selten!
Ich wünscht, ich hätt das öfter noch getan!)

Mein Anziehn sollt dir wie ein Ausziehn gelten!
Nunmehr ist, dacht ich, alles gut verwahrt
Daß es auch nicht erkalt, so aufgespart.

Fragen

Schreib mir, was du anhast! Ist es warm?
Schreib mir, wie du liegst! Liegst du auch weich?
Schreib mir, wie du aussiehst! Ist's noch gleich?
Schreib mir, was dir fehlt! Ist es mein Arm?

Schreib mir, wie's dir geht! Verschont man dich?
Schreib mir, was sie treiben! Reicht dein Mut?
Schreib mir, was du tust! Ist es auch gut?
Schreib mir, woran denkst du? Bin es ich?

Freilich hab ich dir nur meine Fragen!
Und die Antwort hör ich, wie sie fällt!
Wenn du müd bist, kann ich dir nichts tragen.

Hungerst du, hab ich dir nichts zum Essen.
Und so bin ich grad wie aus der Welt
Nicht mehr da, als hätt ich dich vergessen.

Der Orangenkauf

Bei gelbem Nebel in Southampton Street
Plötzlich ein Karren Obst mit einer Lampe
An Tüten zupfend eine alte Schlampe
Ich blieb stumm stehn wie einer, der was sieht
Nach was er lief: nun wurd's ihm hingestellt.

Orangen mußten es doch immer sein!
Ich haucht in meine Hand mir Wärme ein
Und fischte in der Tasche schnell nach Geld

Doch zwischen dem, daß ich die Pennies griff
Und nach dem Preis sah, der auf Zeitungsblatt
Mit schmieriger Kohle aufgeschrieben war
Bemerkte ich, daß ich schon leise pfiff
Mit einem wurd's mir nämlich bitter klar:
Du bist ja gar nicht da in dieser Stadt.

Sonett Nr. 19

Nur eines möcht ich nicht: daß du mich fliehst.
Ich will dich hören, selbst wenn du nur klagst.
Denn wenn du taub wärst, braucht ich, was du sagst
Und wenn du stumm wärst, braucht ich, was du siehst

Und wenn du blind wärst, möcht ich dich doch sehn.
Du bist mir beigesellt als meine Wacht:
Der lange Weg ist noch nicht halb verbracht
Bedenk das Dunkel, in dem wir noch stehn!

So gilt kein ›Laß mich, denn ich bin verwundet!‹
So gilt kein ›Irgendwo‹ und nur ein ›Hier‹
Der Dienst wird nicht gestrichen, nur gestundet.

Du weißt es: wer gebraucht wird, ist nicht frei.
Ich aber brauche dich, wie's immer sei
Ich sage ich und könnt auch sagen wir.

Sonett Nr. 1

Und nun ist Krieg, und unser Weg wird schwerer.
Du, die mir beigesellt, den Weg zu teilen
Den schmalen oder breiten, ebnen oder steilen
Belehrte beide wir und beide Lehrer

Und beide flüchtend und mit gleichem Ziele
Wisse, was ich weiß: Dieses Ziel ist nicht
Mehr als der Weg, so daß, wenn einer fiele
Und ihn der andre fallen ließe, nur erpicht

Ans Ziel zu kommen, dieses Ziel verschwände
Nie mehr erkenntlich, nirgends zu erfragen!
Er liefe keuchend und am Ende stände

Er schweißbedeckt in einem grauen Nichts.
Dies dir an diesem Meilenstein zu sagen
Beauftrag ich die Muse des Gedichts.

Die Liebenden

Sieh jene Kraniche in großem Bogen!
Die Wolken, welche ihnen beigegeben
Zogen mit ihnen schon, als sie entflogen
Aus einem Leben in ein andres Leben.
In gleicher Höhe und mit gleicher Eile
Scheinen sie alle beide nur daneben.
Daß so der Kranich mit der Wolke teile
Den schönen Himmel, den sie kurz befliegen
Daß also keines länger hier verweile
Und keines andres sehe als das Wiegen
Des andern in dem Wind, den beide spüren
Die jetzt im Fluge beieinander liegen
So mag der Wind sie in das Nichts entführen
Wenn sie nur nicht vergehen und sich bleiben
So lange kann sie beide nichts berühren
So lange kann man sie von jedem Ort vertreiben
Wo Regen drohen oder Schüsse schallen.
So unter Sonn und Monds wenig verschiedenen Scheiben
Fliegen sie hin, einander ganz verfallen.
Wohin, ihr? – Nirgend hin. – Von wem davon? – Von allen.
Ihr fragt, wie lange sind sie schon beisammen?
Seit kurzem. – Und wann werden sie sich trennen? – Bald.
So scheint die Liebe Liebenden ein Halt.

Ballade von der ›Judenhure‹ Marie Sanders

1

In Nürnberg machten sie ein Gesetz
Darüber weinte manches Weib, das
Mit dem falschen Mann im Bette lag.
    ›Das Fleisch schlägt auf in den Vorstädten
    Die Trommeln schlagen mit Macht
    Gott im Himmel, wenn sie etwas vorhätten
    Wäre es heute nacht.‹

2

Marie Sanders, dein Geliebter hat zu schwarzes Haar.
Besser, du bist heute nicht zu ihm
Wie du zu ihm gestern warst.
    ›Das Fleisch schlägt auf in den Vorstädten
    Die Trommeln schlagen mit Macht
    Gott im Himmel, wenn sie etwas vorhätten
    Wäre es heute nacht.‹

3

Mutter, gibt mir den Schlüssel
Es ist alles halb so schlimm.
Der Mond sieht aus wie immer.
    ›Das Fleisch schlägt auf in den Vorstädten
    Die Trommeln schlagen mit Macht
    Gott im Himmel, wenn sie etwas vorhätten
    Wäre es heute nacht.‹

4

Eines Morgens, früh um neun Uhr
Fuhr sie durch die Stadt
Im Hemd, um den Hals ein Schild, das Haar geschoren.
Die Gasse johlte. Sie
Blickte kalt.
    ›Das Fleisch schlägt auf in den Vorstädten
    Der Streicher spricht heute nacht.
    Großer Gott, wenn sie ein Ohr hätten
    Wüßten sie, was man mit ihnen macht.‹

Ballade von der Hanna Cash

1

Mit dem Rock von Kattun und dem gelben Tuch
Und den Augen der schwarzen Seen
Ohne Geld und Talent und doch mit genug
Vom Schwarzhaar, das sie offen trug
Bis zu den schwärzeren Zeh'n:
Das war die Hanna Cash, mein Kind
Die die ›Gentlemen‹ eingeseift
Die kam mit dem Wind und ging mit dem Wind
Der in die Savannen läuft.

2

Die hatte keine Schuhe und die hatte auch kein Hemd
Und die konnte auch keine Choräle!
Und sie war wie eine Katze in die große Stadt geschwemmt
Eine kleine graue Katze zwischen Hölzer eingeklemmt
Zwischen Leichen in die schwarzen Kanäle.
Sie wusch die Gläser vom Absinth
Doch nie sich selber rein
Und doch muß die Hanna Cash, mein Kind
Auch rein gewesen sein.

3

Und sie kam eines Nachts in die Seemannsbar
Mit den Augen der schwarzen Seen
Und traf J. Kent mit dem Maulwurfshaar
Den Messerjack aus der Seemannsbar
Und der ließ sie mit sich gehn!
Und wenn der wüste Kent den Grind

Sich kratzte und blinzelte
Dann spürt die Hanna Cash, mein Kind
Den Blick bis in die Zeh.

4

Sie ›kamen sich näher‹ zwischen Wild und Fisch
Und ›gingen vereint durchs Leben‹
Sie hatten kein Bett und sie hatten keinen Tisch
Und sie hatten selber nicht Wild noch Fisch
Und keinen Namen für die Kinder.
Doch ob Schneewind pfeift, ob Regen rinnt
Ersöff auch die Savann
Es bleibt die Hanna Cash, mein Kind
Bei ihrem lieben Mann.

5

Der Sheriff sagt, daß er ein Schurke sei
Und die Milchfrau sagt: Er geht krumm.
Sie aber sagt: Was ist dabei?
Es ist mein Mann. Und sie war so frei
Und blieb bei ihm. Darum.
Und wenn er hinkt und wenn er spinnt
Und wenn er ihr Schläge gibt:
Es fragt die Hanna Cash, mein Kind
Doch nur: ob sie ihn liebt.

6

Kein Dach war da, wo die Wiege war
Und die Schläge schlugen die Eltern.
Die gingen zusammen Jahr für Jahr
Aus der Asphaltstadt in die Wälder gar

Und in die Savann aus den Wäldern.
Solang man geht in Schnee und Wind
Bis daß man nicht mehr kann
Solang ging die Hanna Cash, mein Kind
Nun mal mit ihrem Mann.

7

Kein Kleid war arm, wie das ihre war
Und es gab keinen Sonntag für sie
Keinen Ausflug zu dritt in die Kirschtortenbar
Und keinen Weizenfladen im Kaar
Und keine Mundharmonie.
Und war jeder Tag, wie alle sind
Und gab's kein Sonnenlicht:
Es hatte die Hanna Cash, mein Kind
Die Sonn stets im Gesicht.

8

Er stahl wohl die Fische, und Salz stahl sie
So war's. ›Das Leben ist schwer.‹
Und wenn sie die Fische kochte, sieh:
So sagten die Kinder auf seinem Knie
Den Katechismus her.
Durch fünfzig Jahr in Nacht und Wind
Sie schliefen in einem Bett.
Das war die Hanna Cash, mein Kind
Gott mach's ihr einmal wett.

Ein Film des Komikers Chaplin

In ein Bistro des Boulevard Saint Michel
Kam an einem regnerischen Herbstabend ein junger Maler
Trank vier, fünf jener grünen Schnäpse und berichtete
Den gelangweilten Billardspielern von einem erschüttern-
                                              den Wiedersehn
Mit einer einstmaligen Geliebten, einem zarten Wesen
Nunmehr Gattin eines wohlhabenden Fleischhauers.
›Schnell, meine Herren‹, rief er beschwörend, ›bitte, die Kreide
Die Sie benutzen für Ihre Queues!‹ und knieend am Boden
Suchte er, zitternder Hand, ihr Bildnis zu zeichnen
Sie, die Geliebte entschwundener Tage, verzweifelt
Auswischend was er gezeichnet, von neuem beginnend
Wiederum stockend, andere Züge
Mischend und murmelnd: ›Gestern noch wußt ich sie‹.
Über ihn stolperten fluchende Gäste, erbost der Wirt
Nahm ihn am Kragen und warf ihn hinaus, doch rastlos
                                              am Fußsteig
Kopfschüttelnd jagte er nach mit der Kreide den
Zerfließenden Zügen.

Ich habe ihn nachts die Backen aufblasen sehn

Ich habe ihn nachts die Backen aufblasen sehn
    im Schlaf; sie waren böse.
Und in der Frühe hielt ich seinen Rock gegen
    das Licht: da sah ich die Wand durch.
Wenn ich sein schlaues Lachen sah, bekam ich
    Furcht, aber
Wenn ich seine löchrigen Schuhe sah, liebte
    ich ihn sehr.

Ballade vom Förster und der Gräfin

Es lebte eine Gräfin in schwedischem Land
Die war ja so schön und so bleich.
›Herr Förster, Herr Förster, mein Strumpfband ist los!
Es ist los, es ist los!
Förster, knie nieder und bind es mir gleich!‹

›Frau Gräfin, Frau Gräfin, seht so mich nicht an
Ich diene Euch ja für mein Brot!
Eure Brüste sind weiß, doch das Handbeil ist kalt
Es ist kalt, es ist kalt!
Süß ist die Liebe, doch bitter der Tod.‹

Der Förster, der floh in derselbigen Nacht.
Er ritt bis hinab zu der See.
›Herr Schiffer, Herr Schiffer, nimm mich auf in dein Boot!
In dein Boot, in dein Boot!
Schiffer, ich muß bis ans Ende der See.‹

Es war eine Lieb zwischen Füchsin und Hahn
›Oh, Goldener, liebst du mich auch?‹
Und fein war der Abend, doch dann kam die Früh
Kam die Früh, kam die Früh:
All seine Federn, sie hängen im Strauch.

Der Song vom Nein und Ja

1

Einst glaubte ich, als ich noch unschuldig war
Und das war ich einst grad so wie du
Vielleicht kommt auch zu mir einmal einer
Und dann muß ich wissen, was ich tu.
Und wenn er Geld hat
Und wenn er nett ist
Und sein Kragen ist auch werktags rein
Und wenn er weiß, was sich bei einer Dame schickt
Dann sage ich ihm ›Nein‹.
Da behält man seinen Kopf oben
Und man bleibt ganz allgemein.
Sicher scheint der Mond die ganze Nacht
Sicher wird das Boot am Ufer losgemacht
Aber weiter kann nichts sein.
Ja, da kann man sich doch nicht nur hinlegen
Ja, da muß man kalt und herzlos sein.
Ja, da könnte so viel geschehen
Ach, da gibt's überhaupt nur: Nein.

2

Der erste, der kam, war ein Mann aus Kent
Der war, wie ein Mann sein soll.
Der zweite hatte drei Schiffe im Hafen
Und der dritte war nach mir toll.
Und als sie Geld hatten
Und als sie nett waren
Und ihr Kragen war auch werktags rein
Und als sie wußten, was sich bei einer Dame schickt
Da sagte ich ihnen ›Nein‹.

Da behielt ich meinen Kopf oben
Und ich blieb ganz allgemein.
Sicher schien der Mond die ganze Nacht
Sicher ward das Boot am Ufer losgemacht
Aber weiter konnte nichts sein.
Ja, da kann man sich doch nicht nur hinlegen
Ja, da mußt ich kalt und herzlos sein.
Ja, da konnte doch viel geschehen
Aber da gibt's überhaupt nur: Nein.

3

Jedoch eines Tags, und der Tag war blau
Kam einer, der mich nicht bat
Und er hängte seinen Hut an den Nagel in meiner Kammer
Und ich wußte nicht mehr, was ich tat.
Und als er kein Geld hatte
Und als er nicht nett war
Und sein Kragen war auch am Sonntag nicht rein
Und als er nicht wußte, was sich bei einer Dame schickt
Zu ihm sagte ich nicht ›Nein‹.
Da behielt ich meinen Kopf nicht oben
Und ich blieb nicht allgemein.
Ach, es schien der Mond die ganze Nacht
Und es ward das Boot am Ufer festgemacht
Und es konnte gar nicht anders sein!
Ja, da muß man sich doch einfach hinlegen
Ja, da kann man doch nicht kalt und herzlos sein.
Ach, da mußte so viel geschehen
Ja, da gab's überhaupt kein Nein.

Das Lied vom Surabaya-Johnny

1

Ich war jung, Gott, erst sechzehn Jahre
Du kamest von Birma herauf
Und sagtest, ich solle mit dir gehen
Du kämest für alles auf.
Ich fragte nach deiner Stellung
Du sagtest, so wahr ich hier steh
Du hättest zu tun mit der Eisenbahn
Und nichts zu tun mit der See.
Du sagtest viel, Johnny
Kein Wort war wahr, Johnny
Du hast mich betrogen, Johnny, in der ersten Stund
Ich hasse dich so, Johnny
Wie du dastehst und grinst, Johnny
Nimm die Pfeife aus dem Maul, du Hund.
    Surabaya-Johnny, warum bist du so roh?
    Surabaya-Johnny, mein Gott, ich liebe dich so.
    Surabaya-Johnny, warum bin ich nicht froh?
    Du hast kein Herz, Johnny, und ich liebe dich so.

2

Zuerst war es immer Sonntag
So lang, bis ich mitging mit dir
Aber schon nach zwei Wochen
War dir nichts mehr recht an mir.
Hinauf und hinab durch den Pandschab
Den Fluß entlang bis zur See:
Ich sehe schon aus im Spiegel
Wie eine Vierzigjährige.
Du wolltest nicht Liebe, Johnny

Du wolltest Geld, Johnny
Ich aber sah, Johnny, nur auf deinen Mund.
Du verlangtest alles, Johnny
Ich gab dir mehr, Johnny
Nimm die Pfeife aus dem Maul, du Hund.
    Surabaya-Johnny, warum bist du so roh?
    Surabaya-Johnny, mein Gott, ich liebe dich so.
    Surabaya-Johnny, warum bin ich nicht froh?
    Du hast kein Herz, Johnny, und ich liebe dich so.

3

Ich hatte es nicht beachtet
Warum du d e n Namen hast
Aber an der ganzen langen Küste
Warst du ein bekannter Gast.
Eines Morgens in einem Sixpencebett
Werd ich donnern hören die See
Und du gehst, ohne etwas zu sagen
Und dein Schiff liegt unten am Kai.
Du hast kein Herz, Johnny
Du bist ein Schuft, Johnny
Du gehst jetzt weg, Johnny, sag mir den Grund.
Ich liebe dich doch, Johnny
Wie am ersten Tag, Johnny
Nimm die Pfeife aus dem Maul, du Hund.
    Surabaya-Johnny, warum bist du so roh?
    Surabaja-Johnny, mein Gott, warum liebe ich dich so.
    Surabaja-Johnny, warum bin ich nicht froh?
    Du hast kein Herz, Johnny, und ich liebe dich so.

Lied des Freudenmädchens

1

Meine Herrn, mit siebzehn Jahren
Kam ich auf den Liebesmarkt
Und ich habe viel erfahren.
Böses gab es viel
Doch das war das Spiel.
Aber manches hab ich doch verargt.
(Schließlich bin ich ja auch ein Mensch.)
  Gottseidank geht alles schnell vorüber
  Auch die Liebe und der Kummer sogar.
  Wo sind die Tränen von gestern abend?
  Wo ist der Schnee vom vergangenen Jahr?

2

Freilich geht man mit den Jahren
Leichter auf den Liebesmarkt
Und umarmt sie dort in Scharen.
Aber das Gefühl
Wird erstaunlich kühl
Wenn man damit allzuwenig kargt.
(Schließlich geht ja jeder Vorrat zu Ende.)
  Gottseidank geht alles schnell vorüber
  Auch die Liebe und der Kummer sogar.
  Wo sind die Tränen von gestern abend?
  Wo ist der Schnee vom vergangenen Jahr?

3

Und auch wenn man gut das Handeln
Lernte auf der Liebesmess':
Lust in Kleingeld zu verwandeln
Wird doch niemals leicht.
Nun, es wird erreicht.
Doch man wird auch älter unterdes.
(Schließlich bleibt man ja auch nicht immer siebzehn.)
    Gottseidank geht alles schnell vorüber
    Auch die Liebe und der Kummer sogar.
    Wo sind die Tränen von gestern abend?
    Wo ist der Schnee vom vergangenen Jahr?

Lied der liebenden Witwe

Ach, ich weiß, ich dürft es nie gestehen
Daß ich zittre, wenn mich seine Hand berührt
Ach, was ist mit mir geschehen
Daß ich bete, daß er mich verführt.
Ach, zur Sünde schleiften mich nicht hundert Pferde!
Wenn ich ihn nur nicht so sehr begehrte.

Wenn ich mich so gegen Liebe stemmte
Hab ich mich doch schließlich nur darum gestemmt
Weil ich weiß: steh ich vor ihm im Hemde
Bin ich ausgeplündert bis aufs Hemd.
Als ob er sich dann um meinen Vorwurf scherte!
Wenn ich ihn nur nicht so sehr begehrte.

Ich bezweifle, ob er meiner wert ist
Ob es wirklich Liebe bei ihm ist?
Wenn all mein Gespartes aufgezehrt ist
Wirft er dann die Schale auf den Mist?
Ach, ich weiß, warum ich mich so wehrte:
Wenn ich ihn nur nicht so sehr begehrte.

Hätte ich Vernunft für sieben Groschen
Hätt ich nie gewährt, um was er leider bat
Sondern hätte ihn sogleich verdroschen
Wenn er mir, wie es geschah, zu nahe trat.
Ach, wenn er sich doch zum Teufel scherte!
(Wenn ich ihn nur nicht so sehr begehrte.)

Liebesunterricht

Aber, Mädchen, ich empfehle
Etwas Lockung im Gekreisch:
Fleischlich lieb ich mir die Seele
Und beseelt lieb ich das Fleisch.

Keuschheit kann nicht Wollust mindern
Hungrig wär ich gerne satt.
Mag's wenn Tugend einen Hintern
Und ein Hintern Tugend hat.

Seit der Gott den Schwan geritten
Wurd es manchem Mädchen bang
Hat sie es auch gern gelitten:
Er bestand auf Schwanensang.

Über Goethes Gedicht ›Der Gott und die Bajadere‹

O bittrer Argwohn unsrer Mahadöhs
Die Huren möchten in den Freudenhäusern
Wenn sie die vorgeschriebne Wonne äußern
Nicht ehrlich sein. Das wäre aber bös.

Wie schön singt jener, der das alles weiß
Von jener einzigen, um die's ihm leid war
Die für ihn auch zu sterben noch bereit war
Um den von Anfang ausgemachten Preis.

Wie streng er prüfte, ob sie ihn auch liebte!
Ausdrücklich heißt's, er hab ihr Pein bereitet...
Sechs waren schon geprüft, doch erst die siebte

Vergoß die Tränen, als sie ihn verlor!
Doch wie belohnte er sie auch: beneidet
Von allen hob er sie am Schluß zu sich empor!

Über die Gedichte des Dante auf die Beatrice

Noch immer über der verstaubten Gruft
In der sie liegt, die er nicht haben durfte
So oft er auch um ihre Wege schlurfte
Erschüttert doch ihr Name uns die Luft.

Denn er befahl uns, ihrer zu gedenken
Indem er solche Verse auf sie schrieb
Daß uns fürwahr nichts andres übrig blieb
Als seinem schönen Lob Gehör zu schenken.

Ach, welche Unsitt' bracht er da in Schwang
Als er mit so gewaltigem Lobe lobte
Was er nur angesehen, nicht erprobte.

Seit dieser schon beim bloßen Anblick sang
Gilt, was hübsch aussieht, wenn's die Straße quert
Und was nie naß wird, als begehrenswert.

Und es sind die finstern Zeiten

Und es sind die finstern Zeiten
In der andern Stadt
Doch es bleibt beim leichten Schreiten
Und die Stirn ist glatt.

Harte Menschheit, unbeweget
Lang erfrornem Fischvolk gleich
Doch das Herz bleibt schnell gereget
Und das Lächeln weich.

Schicke mir ein Blatt

Schicke mir ein Blatt, doch von einem Strauche
Der nicht näher als eine halbe Stunde
Von deinem Haus wächst, dann
Mußt du gehen und wirst stark, und ich
Bedanke mich für das hübsche Blatt.

Der Abschied

Wir umarmen uns.
Ich fasse reichen Stoff
Du fassest armen.
Die Umarmung ist schnell
Du gehst zu einem Mahl
Hinter mir sind die Schergen.
Wir sprechen vom Wetter und von unsrer
Dauernden Freundschaft. Alles andere
Wäre zu bitter.

Entdeckung an einer jungen Frau

Des Morgens nüchterner Abschied, eine Frau
Kühl zwischen Tür und Angel, kühl besehn.
Da sah ich: eine Strähn in ihrem Haar war grau
Ich konnt mich nicht entschließen mehr zu gehn.

Stumm nahm ich ihre Brust, und als sie fragte
Warum ich Nachtgast nach Verlauf der Nacht
Nicht gehen wolle, denn so war's gedacht
Sah ich sie unumwunden an und sagte:

Ist's nur noch eine Nacht, will ich noch bleiben
Doch nütze deine Zeit; das ist das Schlimme
Daß du so zwischen Tür und Angel stehst.

Und laß uns die Gespräche rascher treiben
Denn wir vergaßen ganz, daß du vergehst.
Und es verschlug Begierde mir die Stimme.

Ach, nur der flüchtige Blick

›Ach, nur der flüchtige Blick
Sah sie genau
War nur durch solchen Trick
Mann meiner Frau.‹

›Nur im Vorübergehn
Hatt ich ihn ganz
War doch, fast unbesehn
Frau meines Manns.‹

Haben die Zeit vertan
Bis uns die Zeit getrennt
Und, schon den Mantel an
Uns dann umarmt am End.

Allem, was du empfindest

Allem, was du empfindest, gib
die kleinste Größe.

Er hat gesagt, ohne dich
Kann er nicht leben. Rechne also damit, wenn du ihn wie-
             der triffst
Erkennt er dich wieder.

Tue mir also den Gefallen und liebe mich nicht zu sehr.

Als ich das letzte Mal geliebt wurde, erhielt ich alle die
           Zeit über
Nicht die kleinste Freundlichkeit.

Der Liebende nicht geladen

Gläser heut ungespült
Linnen heut glatt
Lächeln heut ungefühlt
Lippe heut satt.

Von den Schuhen: die großen
Auf dem Stuhl: ein Buch.
Wollene Hosen.
Man erwartet keinen Besuch.

Liebesgedicht

Ohn Anruf wartend in dem rohen Hause
Auf etwas, was, er fühlt's, sich aufgemacht hat
Und sich bewegt nach diesem rohen Hause
Und heut im Freien seine erste Nacht hat

Prüft er die Hütte, ob sie wirklich leer ist
Sie sei morgen nicht mehr als heut bewohnt
Sie sei nur Platz, und daß nichts andres mehr ist
Als er, entfernt er jetzt sogar den Mond.

Wenn es doch keine Richtung wüßte
In dieser Nacht, der Lernende verlernt sich
Er glaubt, daß auch er heute schlafen müßte
Sonst scheut es an der Tür noch und entfernt sich.

Der Gast

Sie fragt ihn viel, wiewohl es draußen nachtet
An sieben Jahre gibt er eilends aus
Und hört: im Hofe wird ein Huhn geschlachtet
Und weiß: es ist kein zweites mehr im Haus.

Er wird vom Fleische wenig essen morgen.
Sie sagt: Greif zu; er sagt: Ich bin noch satt.
Wo warst du gestern, vor du kamst? — Geborgen!
Und woher kommst du? — Aus der nächsten Stadt!

Nun steht er eilends auf, die Zeit entflieht!
Er sagt ihr lächelnd: Lebe wohl! — Und du?
Zögernd entfällt ihr seine Hand: sie sieht
Ihr unbekannten Staub auf seinem Schuh.

Gesang von einer Geliebten

1. Ich weiß es, Geliebte: jetzt fallen mir die Haare aus vom wüsten Leben, und ich muß auf den Steinen liegen. Ihr seht mich trinken den billigsten Schnaps, und ich gehe bloß im Wind.

2. Aber es gab eine Zeit, Geliebte, wo ich rein war.

3. Ich hatte eine Frau, die war stärker als ich, wie das Gras stärker ist als der Stier: es richtet sich wieder auf.

4. Sie sah, daß ich böse war, und liebte mich.

5. Sie fragte nicht, wohin der Weg ging, der ihr Weg war, und vielleicht ging er hinunter. Als sie mir ihren Leib gab, sagte sie: Das ist alles. Und es wurde mein Leib.

6. Jetzt ist sie nirgends mehr, sie verschwand wie eine Wolke, wenn es geregnet hat, ich ließ sie, und sie fiel abwärts, denn dies war ihr Weg.

7. Aber nachts, zuweilen, wenn ihr mich trinken seht, sehe ich ihr Gesicht, bleich im Wind, stark und mir zugewandt, und ich verbeuge mich in den Wind.

Gesang von der Frau

1. Abends am Fluß in dem dunklen Herz der Gesträucher sehe ich manchmal wieder ihr Gesicht, der Frau, die ich liebte: meiner Frau, die nun gestorben ist.

2. Es ist viele Jahre her, und zu Zeiten weiß ich nichts mehr von ihr, die einst alles war, aber alles vergeht.

3. Und sie war in mir wie ein kleiner Wacholder in mongolischen Steppen, konkav mit fahlgelbem Himmel und großer Traurigkeit.

4. Wir hausten in einer schwarzen Hütte am Fluß. Die Stechfliegen zerstachen oft ihren weißen Leib, und ich las die Zeitung siebenmal oder ich sagte: Dein Haar ist schmutzfarben. Oder: Du hast kein Herz.

5. Doch eines Tages, da ich mein Hemd wusch in der Hütte, ging sie an das Tor und sah mich an und wollte hinaus.

6. Und der sie geschlagen hatte, bis er müde war, sagte: Mein Engel —

7. Und der gesagt hatte: Ich liebe dich, führte sie hinaus und sah lächelnd hin in die Luft und lobte das Wetter und gab ihr die Hand.

8. Da sie nun draußen war in der Luft, und es ward öde in der Hütte, schloß er das Tor zu und setzte sich hinter die Zeitung.

9. Seitdem habe ich sie nicht mehr gesehen, und einzig von ihr blieb der kleine Schrei, den sie machte, als sie zurück an das Tor kam am Morgen, da es schon zu war.

10. Nun ist die Hütte verfault und die Brust ausgestopft mit Zeitungspapier, und ich liege abends am Fluß im dunklen Herz der Gesträucher und erinnere mich.

11. Der Wind hat Grasgeruch im Haar, und das Wasser schreit unaufhörlich um Ruhe zu Gott, und auf meiner Zunge habe ich einen bitteren Geschmack.

Aber in kalter Nacht

Aber in kalter Nacht die erbleichten Leiber
Trieb nur mehr der Frost zusammen im Erlengrunde.
Halb erwacht, hörten sie nachts statt Liebesgestammel
Nur mehr vereinsamt und bleich das Geheul auch frieren-
         der Hunde.

Strich sie am Abend das Haar aus der Stirn und mühte
        sich ab, um zu lächeln
Sah er, tief atmend, stumm weg in den glanzlosen Himmel.
Und am Abend sahn sie zur Erde, wenn über sie endlos
Große Vögel in Schwärmen vom Süden her brausten, er-
        regtes Gewimmel.

Auf sie fiel schwarzer Regen.

Sonett

Was ich von früher her noch kannte, war
Sausen von Wasser oder: von einem Wald
Jenseits des Fensters, doch entschlief ich bald
Und lag abwesend lang in ihrem Haar.

Drum weiß ich nichts von ihr als, ganz von Nacht zerstört
Etwas von ihrem Knie, nicht viel von ihrem Hals
In schwarzem Haar Geruch von Badesalz
Und was ich vordem über sie gehört.

Man sagt mir, ihr Gesicht vergäß sich schnell
Weil es vielleicht auf etwas Durchsicht hat
Das leer ist wie ein unbeschriebenes Blatt.

Doch sagte man, ihr Antlitz sei nicht hell
Sie selber wisse, daß man sie vergißt
Wenn sie dies läs, sie wüßt nicht, wer es ist.

Es war leicht, ihn zu bekommen

Es war leicht, ihn zu bekommen.
Es war möglich am zweiten Abend.
Ich wartete auf den dritten (und wußte
Das heißt etwas riskieren)
Dann sagte er lachend: das Badesalz ist es
Nicht dein Haar!
Aber es war leicht, ihn zu bekommen.

Ich ging einen Monat lang gleich nach der Umarmung,
Ich blieb jeden dritten Tag weg.
Ich schrieb nie.
Aber bewahre einen Schnee im Topf auf!
Er wird schmutzig von selbst.
Ich tat noch mehr als ich konnte
Als es schon aus war.

Ich habe die Menscher hinausgeworfen
Die bei ihm schliefen, als sei es in der Ordnung
Ich habe es lachend getan und weinend.
Ich habe den Gashahn geöffnet
Fünf Minuten bevor er kam. Ich habe
Geld auf seinen Namen geliehen:
Es hat nichts geholfen.

Aber eines Nachts schlief ich
Und eines Morgens stand ich auf
Da wusch ich mich vom Kopf bis zum Zeh
Aß und sagte zu mir:
Das ist fertig.

Die Wahrheit ist:
Ich habe noch zweimal mit ihm geschlafen
Aber, bei Gott und meiner Mutter:
Es war nichts.
Wie alles vorübergeht, so verging
Auch das.

Immer wieder, wenn ich diesen Mann ansehe

Immer wieder
Wenn ich diesen Mann ansehe
Er hat nicht getrunken und
Er hat sein altes Lachen
Denke ich: es geht besser.
Der Frühling kommt, eine gute Zeit kommt
Die Zeit, die vergangen ist
Ist zurückgekehrt
Die Liebe beginnt wieder, bald
Ist es wie einst.

Immer wieder
Wenn ich mit ihm geredet habe
Er hat gegessen und geht nicht weg
Er spricht mit mir und
Hat seinen Hut nicht auf
Denke ich: es wird gut
Die gewöhnliche Zeit ist um
Mit einem Menschen
Kann man sprechen, er hört zu
Die Liebe beginnt wieder, bald
Ist alles wie einst.

Der Regen
Kehrt nicht zurück nach oben.
Wenn die Wunde
Nicht mehr schmerzt
Schmerzt die Narbe.

Erinnerung an die Marie A.

1

An jenem Tag im blauen Mond September
Still unter einem jungen Pflaumenbaum
Da hielt ich sie, die stille bleiche Liebe
In meinem Arm wie einen holden Traum.
Und über uns im schönen Sommerhimmel
War eine Wolke, die ich lange sah
Sie war sehr weiß und ungeheuer oben
Und als ich aufsah, war sie nimmer da.

2

Seit jenem Tag sind viele, viele Monde
Geschwommen still hinunter und vorbei.
Die Pflaumenbäume sind wohl abgehauen
Und fragst du mich, was mit der Liebe sei?
So sag ich dir: Ich kann mich nicht erinnern
Und doch, gewiß, ich weiß schon, was du meinst.
Doch ihr Gesicht, das weiß ich wirklich nimmer
Ich weiß nur mehr: ich küßte es dereinst.

3

Und auch den Kuß, ich hätt ihn längst vergessen
Wenn nicht die Wolke dagewesen wär
Die weiß ich noch und werd ich immer wissen
Sie war sehr weiß und kam von oben her.
Die Pflaumenbäume blühn vielleicht noch immer
Und jene Frau hat jetzt vielleicht das siebte Kind
Doch jene Wolke blühte nur Minuten
Und als ich aufsah, schwand sie schon im Wind.

Liebeslied aus einer schlechten Zeit

Wir waren miteinander nicht befreundet
Doch haben wir einander beigewohnt.
Als wir einander in den Armen lagen
War'n wir einander fremder als der Mond.

Und träfen wir uns heute auf dem Markte
Wir könnten uns um ein paar Fische schlagen:
Wir waren miteinander nicht befreundet
Als wir einander in den Armen lagen.

Letztes Liebeslied

Als die Kerze ausgebrannt war
Blieb uns nur ein kalter Stumpen
Als der Weg zu End gerannt war
Schimpften wir uns wie zwei Lumpen.
Beatrice war gestellet
Spitzel wurde ihr Begleiter
Tatbestand ward aufgehellet
Statt der Schwüre floß der Eiter.
Alle Himmel aufzureißen
Nur dem Haß wurd's zum Gewinne
Hinz und Kunz, die großen Weisen
Wußten dies von Anbeginne.

Der abgerissene Strick

Der abgerissene Strick kann wieder geknotet werden
Er hält wieder, aber
Er ist zerrissen.

Vielleicht begegnen wir uns wieder, aber da
Wo du mich verlassen hast
Triffst du mich nicht wieder.

Wie es war (I)

Erst ließ Freude mich nicht schlafen
Dann hielt Kummer nachts die Wacht.
Als mich beide nicht mehr trafen
Schlief ich. Aber ach, es bracht
Jeder Maienmorgen mir Novembernacht.

Wie es war (II)

Deine Sorg war meine Sorg
Meine Sorg war deine
Hattest du eine Freud nicht mit
Hat ich selber keine.

Schwächen

Du hattest keine
Ich hatte eine:
Ich liebte.

Inhalt

Ach, wie sollen wir die kleine Rose buchen? 5
Vier Liebeslieder 6
  Als ich nachher von dir ging
  Wenn du mich lustig machst
  Sieben Rosen hat der Strauch
  Die Liebste gab mir einen Zweig
Ich will mit dem gehen, den ich liebe 8
Morgens und abends zu lesen 9
Gemeinsame Erinnerung 10
Ardens sed virens 11
Ich habe dich nie je so geliebt 12
Gleichklang 13
Das Lied vom kleinen Wind 14
Das erste Sonett (Als wir zerfielen einst in DU und ICH) 15
Das elfte Sonett (Als ich dich in das fremde Land verschickte) 16
Fragen 17
Der Orangenkauf 18
Sonett Nr. 19 (Nur eines möcht ich nicht: daß du mich fliehst) 19
Sonett Nr. 1 Und nun ist Krieg, und unser Weg wird schwerer 20
Die Liebenden 21
Ballade von der ›Judenhure‹ Marie Sanders 22
Ballade von der Hanna Cash 24
Ein Film des Komikers Chaplin 27
Ich habe ihn nachts die Backen aufblasen sehn 28
Ballade vom Förster und der Gräfin 29
Der Song vom Nein und Ja 30
Das Lied vom Surabaya-Johnny 32

Lied des Freudenmädchens 34
Lied der liebenden Witwe 36
Liebesunterricht 37
Über Goethes Gedicht ›Der Gott und die Bajadere‹ 38
Über die Gedichte des Dante auf die Beatrice 39
Und es sind die finstern Zeiten 40
Schicke mir ein Blatt 41
Der Abschied 42
Entdeckung an einer jungen Frau 43
Ach, nur der flüchtige Blick 44
Allem, was du empfindest 45
Der Liebende nicht geladen 46
Liebesgedicht 47
Der Gast 48
Gesang von einer Geliebten 49
Gesang von der Frau 50
Aber in kalter Nacht 52
Sonett (Was ich von früher her noch kannte) 53
Es war leicht, ihn zu bekommen 54
Immer wieder, wenn ich diesen Mann ansehe 56
Erinnerung an die Marie A. 57
Liebeslied aus einer schlechten Zeit 58
Letztes Liebeslied 59
Der abgerissene Strick 60
Wie es war (I) 61
Wie es war (II) 62
Schwächen 63